EL ABOGADO DE LOS PECADORES

EL ABOGADO DE LOS PECADORES

ALDIVAN TORRES

Canary Of Joy

CONTENTS

1 El abogado de los pecadores   1

CHAPTER 1

El abogado de los pecadores

El abogado de los pecadores
Aldivan Torres

Autor: Aldivan Torres
2020- Aldivan Torres
Reservados todos los derechos.

Este libro, incluidas todas sus partes, está protegido por derechos de autor y no puede reproducirse sin el permiso del autor, revendido o transferido.

Aldivan Torres, nacido en Brasil, es un escritor consolidado en varios géneros. Hasta la fecha, ha publicado títulos en decenas de idiomas. Desde muy temprana edad, siempre fue un amante del arte de escribir, habiendo consolidado una carrera profesional desde el segundo semestre de 2013. Espera con sus escritos contribuir a la cultura brasileña, despertando el placer de leer en aquellos que aún no tienen el hábito. Tu misión es ganarte el corazón de cada uno de tus lectores. Además de la literatura, sus gustos principales son la música, los viajes, los amigos, la familia y el placer de vivir. «Para la literatura, la igualdad, la fraternidad, la justicia, la dignidad y el honor del ser humano siempre» es su lema.

El abogado de los pecadores
Nuestra Señora del Bonate
El lugar
El psíquico
Las apariencias
Segunda apariencia
Tercera apariencia
Cuarta aparición
Quinta aparición
Sexta aparición
Séptima aparición
Octava apariencia
Novena aparición
Décima apariencia
Décima primera aparición
Apreciación décima segunda
Décima Tercera apariencia
Apariencias
Nuestra Señora de todas las naciones
Solicitud de la Reina del Cielo
Mensajes principales
Mediador de todas las gracias
Primera aparición
Segunda apariencia
Mensaje de la tercera aparición
Nuestra Señora, Reina de Turzovca
La fuente milagrosa de Okruhla
Virgen de Cuapa
La primera aparición
La segunda apariencia
La tercera apariencia

La cuarta apariencia
La quinta apariencia
Nuestra Señora Reina y mensajera de la paz
Nuestra Inmaculada Señora apareció Concepción
Mensajes principales en la reserva
Bajo un árbol
En la casa de la lotería
En la multitud
Milagros personales

Nuestra Señora del Bonate

Ghiaie di Bonate-Italia-1944

El lugar

Ghiaei di Bonate pertenece a la Diócesis de Bérgamo, a 10 kilómetros de la capital. El lugar se llama por el brillante suelo del río Brembo. En ese momento, era un lugar extremadamente peligroso debido a los bombardeos en la Segunda Guerra Mundial.

En este tiempo de angustia e incertidumbre, nuestra Señora aparece a una niña de siete años, trayendo un mensaje de paz y esperanza al mundo.

El psíquico

En Torchio, Ghiae di Bonate, residía la familia Roncalli compuesta por diez miembros. Era una familia humilde, pero emocionalmente estabilizada con la creación de niños basados en valores cristianos. Ejemplo para los hijos, el padre y la madre dedicados a su trabajo a dar a los niños las condiciones mínimas de supervivencia. Mientras su padre trabajaba como trabajador en una fábrica, su madre hacía trabajos y servicios domésticos. Además, proporcionan a sus jóvenes afectos y atención en sus horas libres. Así que, fueron admirados por todos los que los conocían. Tus siete hijas y un hijo eran felices.

Adelaide era una de las hijas y en ese momento tenía siete años. Fui estudiante de primer año de secundaria con dedicación exclusiva a los estudios. Se comportó, educada, amable, saludable, amorosa y comprensiva con todos los que la rodeaban. Completamente simple, no fue cruzado por su cabeza siendo elegida por la madre de Dios como portavoz de sus mensajes a un mundo en guerra, haciendo su nombre importante y famoso en todo el mundo.

Las apariencias

Primera aparición
13 de mayo de 1944

Es de mañana. Era sábado, prometiendo estar dentro de la normalidad. Después de levantarse, ducharse y desayunar, Adelaide se reunió con sus hermanos y amigos en la terraza de su casa, pasando tiempo sin mayores preocupaciones. En estos momentos de distracción, complicidad y armonía sentía exactamente el sabor de la infancia y la amistad.

Por la tarde y el periodo nocturno, almuerzan, leen un libro, limpian, escuchan la radio y la cena. A las 18 horas, salgo de la casa, obedeciendo la petición de la madre de recoger flores de Sabugueira y margarita. A tu padre le encantaba tener flores decorando la entrada de la casa.

Cuando estés delante de la imagen de la Señora, he aquí que la misma idea de ella aparecerá. La hermosa mujer llevaba un conjunto blanco entero, tenía una bata azul, una corona de plata en su cabeza y un tercero colgado en su brazo derecho. La mujer caminó hacia la psíquica acompañada por dos hombres más tarde reconocidos como José y Jesús. Cuando se acercó, se puso en contacto:

"¡No huyas porque soy Nuestra Señora! Debes ser bueno, obediente, respetuoso con el siguiente y sincero. Reza bien y vuelve aquí nueve noches, siempre a esta hora.

Luego desapareció como el humo. La chica estaba asombrada y asustada. Volvió porque se fue a casa para decirle a su familia que estaba aún más impresionado. Las cosas de Dios son realmente inexplicables.

Segunda apariencia

14 de mayo de 1944

Adelaide y sus amigos se concentraban en la oración antes del oratorio. Era un ejercicio diario, muy rentable y agradable según Dios. Con este esfuerzo, podrían lograr suficientes conversiones y milagros para que la Santa Virgen sea más insolente en la región.

En algún momento, el psíquico se sintió íntimamente movido para volver al lugar de la primera aparición del santo milagroso. ¿Qué es? En ese momento, nada sospechoso de sus razones. Yo solo seguiría la voz de tu intuición con certeza de que ibas por el camino correcto. Esta confianza en sí misma fue el fruto de toda su confianza en la dama iluminada.

Para no ir solo, llamó a algunos colegas apresurados y ansiosos. ¿Por qué te sentiste así, aunque ya tenías una experiencia previa consolidada? La explicación plausible fue su totalmente sensible a las emociones sobrenaturales. Tirando como un gato, ella y sus compañeros viajan muy rápido. La prisa es tanto que apenas pueden ver el sol de luz, las nubes blancas caminando en el cielo, el viento fuerte y persistente golpeando sus hombros con una voz delgada llamándolos desde lejos.

El aire del misterio estaba completamente involucrado en la expedición. La ruptura ocurre cuando llega al punto deseado. ¿Qué ven? Mirando hacia arriba, viendo dos pases de paloma blanca. Un poco más alto, un convoy brillante se acerca a alta velocidad, similar a la figura de la familia sagrada. El grupo se pone expectante. Desde dentro de la perspectiva, la imagen de la Reina del Cielo, tan hermosa como la última vez. Cuando se acerca, pregunta:

"Deben ser buenos, obedientes, sinceros, rezar bien y ser respetuosos con el siguiente. Entre los 14 y los 15, te convertirás en Madre sacramental. Sufrirás mucho, pero no te desanimes porque entonces vendrás conmigo al Paraíso.

Cuando dijiste eso, abriste tus brazos y la bendijiste. Subió hasta que se subió por completo en el horizonte, dejando un rastro de tristeza y falló. Qué bonito fue estar ante la Santa Madre, participando en momentos tan especiales. Según el acuerdo, las chicas empezaron el camino más tranquilo de vuelta. A mitad de camino, encontraron a un amigo que se detuvo forzosamente.

"¿Dónde estabais, chicas? Le preguntó al chico.

"Vinimos del país. ¡Acabamos de ver a Nuestra Señora! Ha reclamado Adelaide.

"Vuelve allí todavía para ver si aparece de nuevo y pregunta si puedo ser sacerdote consagrando mi vida a ella – Él aceptó con Adelaide.

Mientras los psíquicos se alejaban, descansaban en medio de la carretera, disfrutando de tiempo ocioso para charlar un poco. Adelaide era una compañera realmente admirable, amable y servicial. No había mejor persona que la madre de Dios escogiera para ser su confidente en la tierra. La prueba de ello fue su compromiso social para el siguiente y su intensa entrega al Apolo cristiano. Todos estaban orgullosos de ella.

Para concentrarse en su meta, el sirviente caminó rápidamente por esos caminos reales. Ni siquiera la fatiga fue una prevención para que cumplieras tu promesa. Su alegría era precisamente el hecho de que se sirvió el uno al otro. Notado, una virtud para ser alabada y bendecida por Dios.

Cuando llegó a la escena de las apariencias, levantó los ojos al cielo, esperando con fe una manifestación divina. Después de unos minutos de espera, sus oraciones fueron respondidas. Como un rayo, de tu lado, apareció tu abogado listo.

"Sí, será un sacerdote misionero según el Santo Corazón, cuando termine la guerra, reveló a la venerable María.

Con la misión cumplida, esta visión desapareció lentamente. La criada ha conservado su viaje yendo a reunirse con sus colegas. Les dijo lo que oyó, y la alegría del niño estaba completa. Juntos, volvieron a su domicilio respectivo. Aún quedaba más por hacer durante el día con la bendición de Dios.

Tercera apariencia

15 de mayo de 1944

El siervo de Dios estaba en el mismo lugar que las otras apariencias, ejerciendo su don religioso. Cada uno de estos momentos fue considerado sagrado por su sentimiento feliz, cumplido y lleno de paz interminable. Inocultable, esto fue un logro atribuido a la sagrada Reina del Cielo.

Inmediatamente, un punto brillante y dos palomas blancas se acercan a la escena. Seguramente, había algo sobrenatural en esto, esta venerable señora concentraba sus atenciones en los objetos que se acercaban a una velocidad asombrosa. Desde dentro de la luz, puede contemplar el misterio de la familia sagrada. Ella puede ver claramente las figuras de Jesús y de los puertos bien vestidos, brillantes y característicos de María, imponentes y decisivos. Fue entonces cuando empezó a contactar.

"Por favor, madre mía, te pido la cura de la gente que te busca y también pido la paz con el consiguiente final de la guerra.

"Diles que, si quieren que sus hijos sean curados, deben orar con fuerza y evitar ciertos pecados. Si los hombres hacen penitencia, la guerra terminará entre dos meses, de lo contrario en poco menos de dos años.

"Entonces empecemos a rezar mientras tenemos tiempo.

"Sí. Te ayudaré.

Los dos cómplices rezaban juntos, una parte del tercero. Lentamente, la imagen de la familia sagrada estaba desapareciendo. Ahora, la pequeña criada intentaría divulgar entre los conocidos y practicar el consejo que le dio su amo. Aún había tiempo para salvar al mundo de la destrucción total.

Cuarta aparición

16 de mayo de 1944

Anoche y nuestro querido amigo volvió al mismo punto. Directamente, el punto brillante y las palomas volvieron para aparecer con la manifestación de Jesús, José y María. La Santa Virgen abrió una amplia sonrisa y cambiando drásticamente sus rasgos a la tristeza dijo:

"Tantas madres tienen hijos infelices por sus graves pecados. No hagas más pecados y los niños sanarán.

"Quiero una señal que venga de ti para satisfacer el deseo de la gente.

"Esto sucederá también a tiempo. Rezad por los pobres pecadores que necesitan oraciones de niños.

Viviendo el horizonte, el Inmaculado suspiró y se levantó según el devoto. Un paso más se había cumplido con éxito ante Dios y el mundo.

Quinta aparición

17 de mayo de 1944

Cumplió sus deberes del día, nuestra hermana en Cristo ha vuelto a ir al lugar de las apariencias, esperando otra cita. No tomó mucho tiempo y aparece el punto brillante, nuestra Señora y ocho ángeles. Está dispuesta a contactar con ella.

"Vine a confiar en ti un secreto. En un tiempo, la paz volverá a la Tierra con la presencia de mi hijo divino restauró la unión entre hombres. Nacerá en Brasil dentro de una realidad de miserable enfrente de los mayores prejuicios de la sociedad. ¡Viene a traer la luz!

"¿Cómo y cuándo?

"Aún no se puede revelar. ¡Vamos! Dile al obispo y al papa el secreto, confío en ti... Te recomiendo que hagas lo que dije, pero no se lo digas a nadie más.

"¡Muy bien!

"¡Estén en paz!

La apariencia estaba desapareciendo lentamente, y el psíquico comenzó a llorar con emoción y felicidad para que el mundo hubiera sido agraciado con otro regalo de Dios. Volviendo a casa, completando tus oraciones y se fue a dormir.

Sexta aparición

18 de mayo de 1944

En el lugar habitual, nuestra señora apareció junto con dos palomas y ángeles a su alrededor. Sentado lentamente dijo:

"Oración y penitencia. Rezad por los pecadores más obstinados que están muriendo en este momento y que hieran mi corazón.

"Vale. Lo haré. ¿Qué oración más te gusta?

"La oración que más me gusta es el Ave María.

Entonces la visión desapareció. Como una manera de honrarla, el psíquico canta en su honor. Siempre fue agradable agradecerte todo lo que estaba pasando en ese lugar.

Séptima aparición

19 de mayo de 1944

En el lugar de las oraciones, el siervo contempla el misterio de la familia sagrada en otra de sus apariencias. Viste a Jesús, María y a José completamente unidos y vestidos en la luz. Además de esto, vio ángeles a su alrededor. Lo hermosas que eran las cosas de Dios en sus ricos detalles. Todavía no creía que tuviera el honor de ver esas cosas.

Nuestra Señora, la gente me ha pedido que pregunte si los niños enfermos deben ser traídos aquí, para que puedan sanar.

"No, no hay necesidad de que todos vengan aquí. Los que pueden, ven. Según tus sacrificios, serás sanado, o permanecerás enfermo, pero no hagas más pecados graves.

"¿Puedes hacer algún milagro para que la gente pueda creer?

"Esto sucederá, muchos se convertirán, y seré reconocido por la Iglesia. Meditando en estas palabras todos los días de tu vida. Tenga valor en todas las dificultades. Me verás cuando mueras, te pondré bajo mi bata y te llevaré al cielo.

Un humo llenó el ambiente y la madre de la vulnerabilidad de la madre de Dios ha desaparecido. Muy alegre por la promesa del santo,

Adelaide se fue a descansar, pensando en todos los hechos recientes. Su fe en Dios creció cada vez más y más era un hecho que se celebraría.

Octava apariencia

20 de mayo de 1944

En la parte superior de la Piedra, la divina criada luchó en sus oraciones, esperando otro acontecimiento sobrenatural. Al asistir a sus alegaciones, la familia sagrada ha venido a él de nuevo, unida por la causa.

"Mañana será la última vez que hable con usted, entonces durante siete días te dejaré pensar en lo que le dije. Intenta entender por qué cuando eres más grande, te hará mucho si quieres ser todo mío. Después de estos siete días volveré cuatro veces, usted ha reclamado a Nuestra Señora.

"Pero, ¿me dejarás, madre?

"Nunca. En mi corazón, siempre habrá un lugar cautivo para ti. Estaré a tu lado espiritual, sugiriendo buenas acciones.

"Bien. Estoy viendo tus mensajes y sacando tanto de la gente como sea posible.

"Muy bien. Sigue haciendo eso, especialmente por los pobres pecadores. Hay mucha gente perdida porque no hay sacrificios o pedidos por ellos.

"Hay un cierto aliado en mí.

"Lo sé. ¡Que Dios te cubra con bendiciones!

Cambiando la dirección del ojo, el alma de la reina del cielo se ha puesto en camino al cielo. La misión del día fue, por así decirlo, cumplida.

Novena aparición

21 de mayo de 1944

Las mismas palomas aparecen como siempre anunciando la manifestación de la familia sagrada en medio de la Iglesia. Cuatro animales se encontraron ante la puerta principal, un burro gris, una oveja blanca, un perro blanco y un caballo marrón. De rodillas, los animales rezaron. Entre ellos, el caballo se levantó y se mudó al campo de lirio, donde los pisoteó con perversidad. José lo siguió y evitó cualquier daño importante. Luego volvió a la puerta de la iglesia para reanudar las oraciones. En el asunto de que se trata, el caballo representa al jefe de una facción familiar o religiosa. Lejos de su negocio, causa ruina y desorden. Al volver a actuar, las cosas se dirigen al éxito ayudado por la magnitud, la fe y la actitud representadas por otros animales.

Décima apariencia

28 de mayo de 1944

Fue el día de la primera comunión de ese devoto siervo de María. Fue un momento singular para dar tu corazón a Dios. Más que nunca, ahora comprendí el significado de su misión: luchar por la paz y la conversión de los pobres pecadores.

Llegando a casa, se encontró al mismo tiempo y tiempo que antes, presentando sus sinceras ofertas. Ahí es cuando el lugar brillante trajo consigo a la madre de Dios y a dos santos, San Lucas y San Judas.

"Rezad por los pecadores obstinados que hacen sufrir mi corazón porque no piensan en la muerte. Rezad por el Santo Padre que pasa por un mal momento. Tantos abusan de él y muchos intentos de su vida. Yo lo protegeré, y él no dejará el Vaticano. La paz no tardará mucho, pero mi corazón espera esa paz mundial en la que todos se aman como hermanos. Solo entonces el Papa sufrirá menos, recomendó nuestra Santa Madre.

La mirada de María trajo serenidad y compasión por los errores de su sirviente. De su lado, dos palomas negras simbolizaron la unión familiar y su apoyo a toda la humanidad. Con todos estos elementos, el apóstol se sintió seguro de seguir con sus sueños y propósitos. Lo hice en honor a la Santa Madre y a nuestro Señor Jesucristo. Relájate, el redentor se alejaba poco a poco hasta que desapareció completamente. En este momento, Adelaide había descansado de su trabajo con mucho más optimismo y esperanza que una vez. La misericordia había ganado justicia.

Décima primera aparición

29 de mayo de 1944

En este día, nuestra Señora con ángeles vestidos rojos. En sus manos, llevaba las dos palomas negras y, en el brazo, colgaba la tercera. Abriendo una sonrisa ligera, la reina de los cielos dijo:

"Los enfermos que quieren sanar deben tener mayor confianza y santificar sus sufrimientos si quieren ir al cielo. Si no lo haces, no tendrás premio y serás castigado severamente. Espero que todos los que conozcan mi palabra hagan todos los esfuerzos para merecer el cielo. Los que sufren sin arrepentimiento obtendrán de mí y de mi hijo todo lo que piden. Reza por aquellos que tienen el alma enferma. Mi hijo Jesús murió en la Cruz para salvar a todos. Mucha gente no entiende estas palabras, y por eso sufro.

"Sí, continuaré con mis oraciones a favor de los pobres pecadores, aseguró a los devotos.

"¡Bien! ¡Me alegro por ellos!

Al enviar un beso, la Santa Virgen ha sido distanciada de los ángeles y las palomas. Sola, nuestra hermana en Cristo buscaba soluciones internas para sus miedos y proyectos sin embargo no realizados. Lo único que le quedaba era la fe en Nuestra Señora, y eso era suficiente para sí mismo.

Apreciación décima segunda

30 de mayo de 1944

Parecía ser un día como cualquier otro día hasta el momento exacto en que la compasión se manifestó de nuevo junto con ángeles volando de un lado a otro. Brillante como luz y vestido con un sabor admirable, reflejaba sus intenciones más nobles a través del vestido rosa y el velo blanco. Después de un breve aliento, se comunicó:

"Querida niña, eres todo mío, pero, aunque mañana estés en mi corazón, mañana te dejaré en este valle de lágrimas y dolor. Me verás en el momento de tu muerte y envuelto en mi velo te llevaré al cielo. Contigo, habrá todos aquellos que comprenden y sufren.

"¿Ya? ¿Qué será de mí sin mi protector?

"¿Qué dice? Nunca tendría el valor de abandonarla. Estaré presente en todo momento sugiriendo buenas obras, consolando vuestro dolor, victorias y derrotas. Pero seré invisible. Es razonable entender que no pertenezco a este mundo, y por lo tanto no podrás verme más.

"Entiendo, incluso con el corazón triste. Dame fuerza, mi madre.

"¡Estaré contigo siempre! Una fuerza superior me llama. ¡Nos vemos la próxima vez!

"Nos vemos luego.

Solos, el cristiano no tuvo más remedio que descansar, pensando en todos esos hechos tan reveladores y pesados. Aún no había llegado a su fin.

Décima Tercera apariencia

31 de mayo de 1944

Ya amanece. El nuevo día trajo emociones y acciones impregnadas con un sentimiento de despedida. Nuestro querido psíquico no dejaba de pensar en su religioso, en las razones de su misión, en las personas que la acompañaban, en la fe en Dios y en ella y en su libertad.

Como buen ciudadano, estaba realizando ejemplarmente sus tareas, llevando un peso doloroso invisible. Era como si quisieran arrancar un pedazo de su corazón y dejarlo sin sentimientos ni alma. Más que nada, se sintió como una persona del cielo debido a sus valores, creencias, acciones, obras y bondad. Su deseo inmediato era volar al cielo y vivir con Jesús y su amada madre. ¿Es egoísta de tu parte? A diferencia de lo que ella pensaba, Dios lo usaría como un instrumento divino de reconciliación con la humanidad involucrado en densas tinieblas. Su vida, así como otras consagraciones, fueron, por un hito.

Al anochecer, se reunió en el lugar habitual. Una vigilia muy intensa fue seguida, donde su entidad adorada apareció alrededor de veinte horas. Su apariencia ha resultado exactamente como la primera vez con una mirada más feliz, seria, decidida y firme.

"Mi querida niña, siento tener que dejarte, pero mi tiempo ha pasado. No te asustes si no me verás por un tiempo. Piensa en lo que te dije, cuando mueras volveré. En este valle de dolor, serás un pequeño mártir. No pierdas el valor. Deseo mi triunfo pronto. Reza por el Papa y dile que lo haga rápidamente porque quiero ser celoso con todos en este lugar. Lo que me pidan, intercederé con mi hijo. Seré tu recompensa si tu martirio es feliz. Estas palabras te servirán como consuelo en la prueba. Apoya todo con paciencia y ven conmigo al cielo. Aquellos que os harán sufrir voluntariamente, no irán al cielo si no lo han arreglado todo y se arrepienten profundamente. Sé feliz, porque ya te veremos, mi pequeño mártir.

"¡Oh, ¡cómo me siento y me regocijo al mismo tiempo! Ve en paz, mi santa madre. Aprecio este tiempo juntos y el aprendizaje consecuente. No descansaré en mis oraciones para ganar el mundo.

"¡Ciertamente has ganado! Solo mantén la fe en mi hijo divino y en mí. ¡Reza por los pecadores y engañadores!

"¡Sí! Juntos, ganaremos la oscuridad.

"Que así sea. Estad en paz.

Nuestra señora le dio un beso suave en su cara y las lágrimas seguían cayendo del Siervo. Lentamente, la figura de la madre de Dios se alejó con la certeza de un ciclo más cumplido. Pronto volvería para ayudar a sus queridos hijos por toda la tierra. Viva la Santa Madre de Dios.

Apariencias

La noticia de las apariciones pronto se difundió para hacer de la señorita una celebridad. Por consiguiente, ha despertado mucha envidia de algunas corrientes cristianas. Se convirtió en el objetivo de una persecución, y teniendo tan poca experiencia terminó poniéndola en contradicción frente a los hechos.

El peor escenario fue dibujar. Prácticamente se vio obligado a firmar un término negativo sobre las apariencias, pesando considerablemente en el proceso de reconocimiento de los hechos denunciados. Sin derrotas, intentó pasar a la vida religiosa entrando en el convento cuando cumplió 15 años. De nuevo, las fuerzas de la oscuridad os han dañado, lo que ha provocado vuestra expulsión de la institución.

Aun así, la joven no se decepcionó. Se casó y se mudó a Milán donde cuidaba de los pobres, enfermos, huérfanos y viudas siendo un verdadero ejemplo cristiano. En verdad, ninguna fuerza en la tierra podría impedirte la felicidad. Además, reafirmó los hechos que habían ocurrido ante las autoridades. El mundo tendría que saber la disposición de María para ayudar a sus hijos, y ella era una prueba viviente de ello.

Nuestra Señora de todas las naciones

Ámsterdam-Países Bajos (1945-1972)
Un poco sobre lo psíquico
Nacido el 13 de agosto de 1905, en Alkmaar, Holanda, Ida Peerdeman fue el más joven de cinco hermanos. Desde el nacimiento, la infancia y la juventud que demostró una encantadora sensibilidad humana hacia otras personas. Además, era educada, responsable, trabajadora, amante, religiosa y ejercía la práctica del bien. No es de extrañar que la escogiera nuestra madre del Cielo para ser su portavoz entre los hombres. Hubo varias apariciones en los largos años y para no estirar demasiado vamos a ir a los puntos principales de este evento.

Solicitud de la Reina del Cielo

"Señor Jesucristo, Hijo del Padre, envía tu espíritu sobre la tierra. Hace que el Espíritu Santo habite en los corazones de todos los pueblos, para ser preservado de corrupción, de calamidad y de guerra. Que la Señora de toda la gente, que alguna vez fue MARIA, sea nuestra abogada. Amén.

"Que sea tratada por la humanidad como corredor, mediadora, abogada, sendero, ejemplo y madre hermana.

"Su título en relación con esta apariencia sería: "Señora de todos los pueblos".

"La cruz debe ser el mayor símbolo del cristianismo de todos los sentidos.

"Practica y difunde la devoción del Rosario incesantemente.

"Que la gente haga penitencia, analice sus fracasos, corregirlos con la firme resolución de cambio para mejor.

"Que el eclesiástico dé un buen ejemplo para que sus frutos sean visibles para todos. De hecho, el buen fruto proviene de solo buenos árboles.

"No hay otra manera de luchar contra el mal, sino a través del bien. Los cristianos deben unirse alrededor de la bendita cruz y su madre compasiva para que puedan derrotar al mal.

"Los hombres deben buscar una relación con un Dios completo, transparente y digno. Sigan los mandamientos y las leyes divinas en particular que suman a todos los demás, aman a Dios sobre todas las cosas, al siguiente como a ti mismo.

"Muestra un desempeño eficaz como apóstol del bien a través de los pilares: justicia, amor, misericordia, caridad, simpatía, bonanza, fe, tolerancia, tolerancia, igualdad.

Mensajes principales

"No pidas señales. Esto es una tentación. No hay más pruebas que mis palabras.

"Es hora de que el Espíritu Santo venga sobre toda la humanidad.

"Tiempos difíciles vienen sobre la faz de la tierra. Tiempo de inquietud, turbulencia, mentiras, perversión, subversión, incredulidad, búsqueda de cristianos y personas que quieren gobernar el mundo.

"La corrupción es la que causa la decadencia del mundo.

"Los hombres no se han dado cuenta de lo malo que es el mundo.

"Quieren aniquilar las religiones de una manera que nadie notará.

"El mal se está extendiendo por todo el mundo.

"Hay muchos falsos profetas que en lugar de ayudar a Cristo están sirviendo a los propósitos de Satanás.

"Cada vez más, Satanás corrompe al mundo con sus seducciones.

"La gente está más preocupada por las cosas materiales, su salvación.

"La juventud carece de guía y estimulación, por lo que crecen buenos valores y siguen una vida religiosa idiota.

"María fue enviada por el Señor de los ejércitos para ayudar a sus hijos. Por eso se llama "Señora de todos los pueblos".

"En frente de Dios y María, los fieles se unen a la certeza de Dios y, dando como resultado la protección celestial.

"Los cristianos deben unirse alrededor de la figura de Jesucristo, porque él es el único que puede salvar.

"Más que orientación, los jóvenes necesitan tu ayuda y comprensión.

"El objetivo de las apariencias es advertir a los pecadores que emerjan, obtener el perdón de los pecados y salvarse a sí mismos.

"Solo al entregarse al Mesías es posible que podamos lograr la paz.

"Cree en Dios y en su hijo, y entonces la paz permanecerá contigo.

"Hice penitencia por el mundo. De esa manera, la salvación vendrá.

"Las leyes divinas y sus actualizaciones valen cada vez como si fueran nuevas.

"El padre e hijo enviaron a María como corresponsal, mediadora, abogada y madre de toda la humanidad.

"El pueblo del mundo no encontrará paz hasta que se sometan a la cruz.

"Eliges a los más débiles y puros para las misiones mayores.

Mediador de todas las gracias

Marienfried-Alemania-1946

Primera aparición

25 de abril de 1946

Hay truenos, y luego Maria aparece como un rayo delante de la psíquica Bárbara Reuss. Con una mirada triste y complaciente, el contacto comenzó.

"Había la mayor confianza y donde los hombres que puedo hacer todo, y extenderé la paz. Después de que todos los hombres crean en mi poder, la paz reinará. Soy el signo de Dios vivo. Imprimo mi señal en el frente de mis hijos. La estrella lo perseguirá, pero golpeará a la estrella.

"¿Quién eres? Preguntó a la joven.

"Si no tuviera este velo, me reconocerías. Soy el mediador de toda gracia.

"¡Bien! ¿Qué quieres?

"He venido a pasar la paz de Cristo.

"¿Por qué te comportas triste?

"Mis hijos me están olvidando. Por eso estoy de duelo.

"¿Cuáles son las consecuencias de eso?

"No podrás alcanzar ante Dios.

"¿Qué podemos hacer entonces?

"Rezad por todos los pecadores. Actuando así, mi gracia permanecerá contigo en todo momento.

"¡Lo haré! ¡Gracias!

"Me alegro. Ahora tengo que irme. Que Dios esté contigo.

"Amén.

La hermosa señora cambió la mirada y fue la siguiente. La primera parte de la misión fue por así decirlo completa.

Segunda apariencia

25 de mayo de 1946

En el mismo lugar que siempre, la providencia divina se manifestó de nuevo. Las apariencias de las dos mujeres cruzaron en un momento de total complicidad. Había algo que decirse entre ellos.

"Soy el gran Mediador de Gracia. De la misma manera que el mundo no puede encontrar Misericordia junto al padre, excepto por el sacrificio del hijo, por lo que no puede ser oído por mi hijo, excepto por mi intercesión. CRISTO es poco conocido porque no soy conocido. El Padre derramó el cáliz de su ira sobre los pueblos porque estos rechazaron a su hijo. El mundo fue consagrado a mi Inmaculado Corazón, pero esta consagración se ha convertido en una responsabilidad terrible. Le pido al mundo que viva esta consagración. Tienes confianza ilimitada en mi Inmaculado Corazón. Créeme, puedo con mi hijo. Ponga en lugar de su corazón manchado por el pecado, mi Inmaculado Corazón, y entonces lo estaré. Yo dibujaré la fuerza de Dios, y el amor de Padre os reproducirá de nuevo a la imagen perfecta de CRISTO. Escuchen mi petición para que pronto reine como Rey de la Paz. Reza y sacrificio por los pecadores. Te ofrecí, por mi intermedio, a ti, y toda tu acción al padre. Ponlo a mi disposición. Reza el Rosario. No solicites solo bienes materiales. Ahora se trata de rezar por algo que valga mucho más. No esperes milagros. Quiero actuar escondido como el gran Mediador de Grace. Es la paz del corazón que deseo que concedas, si haces lo que te pido.

Dicho esto, la virgen sonrió y desapareció. Sola, el sirviente reunió los elementos obtenidos y los vinculó a su misión personal. Todavía había tiempo para actuar por el mundo.

Mensaje de la tercera apariencia

25 de junio de 1946

"Ofrezco muchos sacrificios. He hecho de tu oración un sacrificio. No seas egoísta. Lo que vale es esto: ofrecer a la Gloria Eterna y expiación. Si estás completamente a mi disposición, lo arreglaré. Llevaré a mis queridos hijos de cruces pesadas porque lo amo en mi hijo inmolado. Les pido que estén listos para llevar la cruz, que vengan a la paz pronto.

Nuestra Señora, Reina de Turzovca

Eslovaquia-1958

Matus era un guardabosque. Creada sin madre, aprendió la base del cristianismo por sí mismo y decidió seguirla. Era un hombre simple, temeroso y fiel en Dios y en Nuestra Señora.

El 1 de junio de 1958, Matos estaba haciendo las rondas rutinarias en Okruhla, una sierra cerca de Turzovka. Además de la obra misma, le encantaba caminar, escuchar el canto de los pájaros, sentir el calor del sol y la brisa fría golpeando su rostro. Junto con la naturaleza, se sentía más cerca de lo divino. Tan pronto como llegó al lado de la montaña llamada Zivcak, tomó la oportunidad de orar ante la imagen de Nuestra Señora de Ayuda Perpetua bajo un pino.

Comenzó las oraciones de nuestro Padre y del Ave María. Pero antes de que se terminara, se sorprendió por una manifestación divina. Como si fuera un destello de luz, la imagen de una mujer apareció flotando delante de él. La hermosa figura tenía las manos dobladas y llevaba una corona brillante. Su pelo era largo, llevaba una correa azul y junto a sus pies estaban aromatizadas rosas. En su brazo derecho, llevaba un rosario.

Caminaste un poco y Matus la siguió. En un campo de rosas blancas, la cerca estaba dañada. La mujer apuntó hacia un martillo y clavos. El psíquico entonces entendió que debía arreglarlo. Horas en cable, trabajó en este trabajo. Al concluir, la señora mostró una de sus sonrisas más hermosas. Ampliando su brazo, el sirviente tocó el rosario y sintió instantáneamente el impulso de practicar esa devoción, aunque ni siquiera lo sabía.

La señora cambió la dirección de su mirada hacia el árbol donde su imagen estaba protegida. En ella, el psíquico puede ver una pantalla que muestra los territorios del mundo. Con países representados por varios colores, el verde significaba "amarillo a Dios" y las naciones desertoras representadas por amarillo. En un momento, el mundo parecía ardiendo. Ahí fue cuando apareció el siguiente mensaje: "¡Arrepiéntete! ¡Reza por los sacerdotes y religiosos! ¡Reza el Rosario!

Matus se asustó, y luego miró a su señora. A su vez, le pidió que observara un poco por encima de ella. Ahí fue cuando ocurrió un golpe y el cielo se despejó como rayo de los cielos la figura de Cristo mismo. Vino con majestad y autoridad. Llevaba una bata blanca y una capa roja. En el lado izquierdo, llevaba una cruz y podía ver claramente su corazón sagrado al centro de su pecho, castigado por los pecados humanos. Desde adentro, salían tres rayos restauradores. Atrapado por tantas emociones, el guardia se desmayó.

Unos minutos después, me desperté debido al fuerte sonido de campanas que venían de la iglesia más cercana porque era el momento de Ángeles. Se sentó pensando en todos los hechos durante unos momentos. Instintivamente, tomó el rosario dejado por la señora y se puso a rezar, inspirado por una fuerza mayor. Cuando este ejercicio se terminó, todo parecía más claro como su propia declaración transcrita a continuación, "Después de la apariencia, sentí una gran infusión de fe. Primero, tuve que hacer las paces con la gente que había conflictuado conmigo. Ojalá hubiera podido evitarlo, pero sentí que tenía que hacerlo. Después de regresar de la montaña esa misma noche, fui a pedir perdón a toda la gente de Turzovka y a los alrededores. Lo hice como si fuera contra mi propia voluntad. Y me llevó tarde por la noche. La gente se sorprendió, algunos se rieron de mí, otros pensaron que me había vuelto loco. Al día siguiente, por la mañana, hice una confesión y fui a la comunión. Desde ese momento, me curé de todas mis enfermedades. Primero, la tos pesada que tenía y eso me molestó durante muchos años y que los médicos dijeron que era incurable."

Después de este día, hubo seis apariciones más de Nuestra Señora a lo psíquico. Cada visión ha traído un mensaje importante a la humanidad. Con la revelación de los hechos, muchos envidiaron su condición y le orquestaron una traición. Terminó siendo arrestado por los comunistas y pensado como loco. En el hospital psiquiátrico, sufrió electrocución, hipnotismo, cura química e interrogatorios constantes. Sin embargo, su fe en Dios y en nuestra Señora permaneció intacta.

La fuente milagrosa de Okruhla

Un hombre llamado Jaroslav Zaalenka tuvo un sueño sobre una mujer hermosa pidiéndote que fueras a la montaña de Okruha. Después de tres días, fue a cumplir esta petición. En los escarpados senderos del lugar, se preguntó si era en perfecto sentido para seguir la recomendación de un sueño. Fue una escalada dolorosa y cansada, y tendría que valer la pena.

Cuando llegó a la cima, eligió un lugar rocoso para cavar. Al principio, la hermosa dama se le apareció en el lugar correcto, desapareciendo justo después. Su trabajo fue gratificante con el descubrimiento de una fuente de agua clara. Se extendió la palabra y la gente que tomó del agua fue inmediatamente curada de sus males. Curas de cáncer de pulmón, ceguera, parálisis entre otros. Se ha concebido para la siguiente profecía: "En unos años tendrás otra Lourdes en Eslovaquia, donde vas a peregrinar".

Virgen de Cuapa

Cuapa-Nicaragua-1980

Bernardo Martínez estaba a cargo de la capilla Cuapa. Desde marzo de 1980, los consejos extraños comenzaron a suceder a tu alrededor. Enfrentémoslo, por muchas veces, este siervo de Dios encontró luces encendidas en la capilla y una vez más vio la imagen del santo iluminada. Al investigar los casos, no encontró ninguna explicación plausible para la misma. Ahí es cuando se volvió aún más confuso, con varias suposiciones pasando por tu mente.

Un día les dijo a algunas personas lo que le pasó, pidiendo discreción. Eso fue por nada porque pronto mucha gente sabía el hecho. La noticia llegó a los oídos del sacerdote de la ciudad, que estaba interesado en la historia y fue a reunirse con él para resolver algunas preguntas.

"¿Es verdad lo que dijeron sobre las manifestaciones aquí en la Iglesia?

"Sí. Todo es verdad, padre.

"Cuéntame todo.

"Durante muchas veces, encontré luces encendidas en la iglesia sin explicación. En otra ocasión, vi la imagen del santo iluminado.

"Vale. ¿Por qué rezas?

"El rosario y tres Ave María. Desde que era un niño, mi abuela me enseñó a ser dedicada a la Señora.

"¿Puedes preguntarle a la virgen qué quiere de nosotros? ¿Y si se puede manifestar claramente?

"Puedo intentarlo.

"Gracias. Mis oraciones estarán contigo, hijo.

"Gracias.

"Ahora tengo que irme. Cualquier noticia, házmelo saber.

"Sí.

El sacerdote regresó a la ciudad para cumplir sus deberes mientras el psíquico estaba pensando en su petición. ¿Cómo lo harías ahora? Lo último que quería era complicaciones. Así que, tan pronto como pudieras orar así:

Santa Madre, por favor no me pidas nada. Tengo muchos problemas en la iglesia. Haga sus peticiones a otra persona porque quiero evitar más problemas. Tengo muchos de ellos en este momento. No quiero más.

Ha pasado un tiempo y la historia sobre la imagen ha sido olvidada. En cuanto a Bernardo, continuó en sus oraciones diarias. Curiosamente, la Santa Virgen la preparó para que su misión fuera portavoz de sus mensajes.

La primera aparición

Era principios de mayo. En ese tiempo, Bernardo se enfrentaba a una crisis interna debido a la falta de dinero, problemas profesionales, religiosos y espirituales. Todo esto fue una fuerte depresión y, en consecuencia, carecía de motivación para realizar las caprichosas actividades de día a día. Viví una noche oscura, oscura y oscura noche sin la perspectiva de soluciones inmediatas.

Pensándolo bien, su espíritu pidió un grito de libertad. La única salida a su mente era caminar y pescar en el río porque siempre fue una actividad agradable y relajante para él. Así que lo hiciste. Se levantó temprano llevando una bolsa y un machete. En el camino, su pensamiento estaba conectado con la naturaleza y con las sensaciones que fueron causadas. Todo era realmente estimulante y prometedor, el sol caliente, la brisa delgada, las rocas del camino que buscaban hablar con él, las espinas, las garras, los árboles, la montaña y su adversidad. Estar en camino era similar a la tarea de un joven soñador brasileño que nunca renunció a sus sueños. Aunque no me diera cuenta de eso, la situación era casi la misma.

Cuando llegó al río, la distracción se rindió. Tomó un baño, pescado y descansado en aquellas aguas límpidas dadas por Dios, entendiendo un pequeño misterio divino. Qué bueno fue vivir ese momento misógino. No hay problema que os afligió en ese momento, siendo acreditado a un milagro de la Reina del Cielo.

Llegó por la tarde y el éxtasis era tan grande que el hombre no tenía hambre ni necesidades. Poco después, empezó a llover, teniéndolo refugio bajo un árbol. Ocupado, comenzó a rezar el rosario. Cuando el clima mejoraba, se fue a una manguera para comer fruta, cortó una rama en el bosque y fue a otros árboles a buscar fruta. Para cuando te diste cuenta, eran las tres de la tarde. En este momento, una angustia viajó por su corazón por conocer sus deberes en la ciudad. ¡Qué lástima! Estaba tan feliz allí a lo largo de la naturaleza, pareciendo que el resto no importaba en absoluto.

Caminando hacia otro punto de la sierra relámpago. ¿Iba a llover? El tiempo no pudo firmar eso, y le impresionó aún más. Más adelante, el fenómeno se repite. En la pantalla de su mente, aparece la figura de una mujer hermosa y majestuosa. Veamos la descripción exacta de lo que pasó:

Había un pequeño árbol en Norisco sobre las rocas y sobre ese árbol estaba la nube, era extremadamente blanco. El rayo ataca en todas direcciones, rayos de luz como el sol. En la nube estaban los pies de una hermosa dama. Sus pies estaban descalzos. El vestido era largo y blanco. Tenía un cordón celestial alrededor del pecho. Mangas largas. Cubriéndolo era un velo de crema pálida con bordado de oro en los bordes. Sus manos estaban juntas en su pecho. Parecía la imagen de la Virgen de Fátima. Aún lo era.

Frente a lo inusual, el hombre se sintió sorprendido. Miles de pensamientos no relacionados estaban pasando por su cabeza señalando los posibles motivos de eso. Pensando que es un sueño, le pega la cara con las manos. Pero cuando los quité, la extraña figura permaneció en el mismo lugar para mirarlo. Así que, te convenciste de la verdad de los hechos. Entonces la mujer extendió sus brazos hacia ella, y emanó un radio de luz fuerte. El sentimiento que causado por esta acción hizo que el psíquico sé perplejo. Se sintió con un indescriptible, seguro y lleno de felicidad nunca experimentado. Lo necesitaba porque investigué los hechos incluso antes de que el miedo congelado provocara ahora.

"¿Cómo te llamas?

"María.

¿De dónde eres?

"Vine del cielo. Soy la madre de Jesús.

"¿Qué quieres?

"Quiero que Rosario sea rezado todos los días.

"Sí, estamos rezando. El sacerdote nos trajo las intenciones de la parroquia de San Francisco para que podamos unirnos a ellos.

"Quiero que se ore permanentemente, en la familia incluyendo niños que tienen edad suficiente para entender, que sean orados en un momento en que no hay problemas con el trabajo de la casa.

"¿Cómo quieres que recemos?

"No te gustan las oraciones hechas de correr o mecánicamente. Rezad al Rosario con la lectura de las citas bíblicas y pon en práctica la palabra de Dios.

"¿Cómo? ¿Dónde están las citas de la Biblia?

"Busca el libro sagrado con sabiduría. Los encontrarás.

"¿Cuál es el mandamiento más alto?

"Amaos el uno al otro. Cumpla con su deber.

"¡Bien! Mi querida reina, ¿cómo podemos alcanzar la paz?

"Haz la paz. No pidas paz a nuestro Señor porque si no la consigues, no habrá paz.

"¡Lo entiendo! ¿Cómo consigues tu ayuda y tu gracia?

"Renovar los primeros cinco sábados. Te agradezco mucho cuando todos hicieron eso.

"Antes de la guerra, solíamos hacer eso. Íbamos a confesar y comunión cada primer sábado del mes, pero como el Señor ya nos había liberado del derramamiento de sangre en Cuapa, no continuamos con esta práctica.

"Nicaragua ha sufrido mucho desde el terremoto. Se ha amenazado con aún más sufrimiento. Ella seguirá sufriendo si no cambias.

Maria se tomó un descanso. Tu aspecto serio cambió a un rostro de dolor rápidamente. Luego continuó:

"Reza a mi hijo, Rosario, por todo el mundo. Diles a los creyentes y no a los creyentes que el mundo está amenazado por graves peligros. Le pedí al Señor que retrasara su justicia, pero si no cambias, apresurarás la llegada de la Tercera Guerra Mundial.

"Señora, no quiero problemas; tengo muchos en la iglesia. Díselo a otra persona.

"Ahora porque nuestro Señor lo escogió para dar el mensaje.

La virgen señaló que se iba. Ahí fue cuando el sirviente recordó algo importante.

"Señora, no se vaya porque quiero ir a decírselo. Consuelo porque me dijo que quería verla.

"No. No todos me ven. Me verá cuando la llevé al cielo, pero debe rezar a Rosario como le pedí. ¡Estén en paz! ¡Nos vemos la próxima vez!

"¡Nos vemos luego!

La nube se levantó, y con ella se llevó la figura del santo. Sola, el devoto Mariana dejó su camino de regreso a la ciudad. Sería una gran oportunidad para que reflexione sobre el consejo de la iluminación. Sin embargo, dentro del interior, ya había tomado una decisión seria, no decirle a nadie lo que vieron y oyeron allí. Muestra un poco egoísmo por su parte, pero también forma parte de un mecanismo de protección interna. ¿Qué dirían los otros? ¿Cómo le das crédito a un simple manejado? Era temeroso que tu seguridad revelara este secreto ahora.

Viniendo a la ciudad, rezaba a Rosario en la capilla y regresaba a casa en completo silencio. Sin embargo, cada momento que pasó, su conciencia pesaba y una ola de tristeza vino a través de su corazón. Recogido en su habitación en oración, recibió el mensaje divino que debía decir. Insistente, oró de nuevo a Rosario, pidiendo la iluminación del padre creador sobre los hechos. En este momento, el miedo a ser perseguido era mayor que el propio mensaje.

Ha pasado un tiempo, y ha seguido con su rutina. Aunque trató de distraerse, nada fue gracioso porque siempre fue esa voz interior insistiendo en que me contó sobre la apariencia. Fue casi como una buena persecución. Mientras su terquedad permaneció con él tratando de parecer fuerte cuando realmente se encontró casi un ataque nervioso. ¿Cuántas veces no hemos actuado como él antes que otros o sí mismo? El miedo y la incomprensión realmente encierran su alma en las peores cadenas. Le faltaba un poco de madurez o un signo de destino que lo obligó.

Un día, estaba caminando en el campo buscando un ternero de su manada. Por mucho que caminé, no pude encontrar al animal. Ya estaba desesperado cuando el mismo fenómeno anterior sucedió antes que él. La Reina del Cielo pensó de nuevo que estaba presente una mirada más seria que la otra vez.

¿Por qué no dijiste lo que te dije que dijeras?

"Señora, me temo. Me temo que voy a ser la persona ridícula, temiendo que se rían de mí, que no me creen. Aquellos que no creen esto se reirán de mí. Dirán que estoy loco.

"No tengas miedo. Te ayudaré y se lo diré al sacerdote.

"¡Muy bien!

La apariencia desapareció delante de él como humo. Al caminar más adelante, el pastor vio al becerro y lo llevó al río, donde le dio agua. Después, volvió a casa. Se preparó y se fue a casa de amigos. Ya, ya dijiste todos los hechos. Como respuesta, fuiste reprendido. Sin embargo, el peso de la conciencia se ha disipado. Gracias a Maria, se sintió libre una vez más.

En los próximos días, comenzó a decirle a la gente que conocía. Como esperaba, algunos no creían que estuviera loco. Pero el hecho de que le dijeras que era bueno. Fue entonces cuando descubrió la importancia y el núcleo de su misión, para ser instrumentado a la palabra divina. En cuanto a los retos, era necesario entregar todos los problemas de incredulidad a los pies del Señor, donde su poder resolvería la confusión. No había razón para dudar de la Santa Madre de Dios frente a la evidencia tan clara.

Días después, llegó el momento de reunirse con el vicario de la parroquia. En la Iglesia, testificó sobre todo lo que vio y oyó sobre las apariencias. Al final de la historia, el hombre de Dios fue reflejado y continuó:

"¿Sería alguien que quiere asustarte en esas colinas?

"No lo creo. Hasta que hubo la posibilidad de hacerlo en el río y en las colinas, pero en medio de los pastos, no es posible que haya un campo abierto.

"¿Podría ser una tentación que te persigue?

"No sé por qué podía hablar de lo que vi y oí.

"Ve al lugar de las apariencias y reza allí Rosario. Cuando visualices la apariencia, haga el signo de la cruz. De hecho, siendo bueno o malo, nada te afectará.

"¡Muy bien! ¡Muchas gracias por escucharme!

"¡Estoy a su disposición! ¡Dios te bendiga!

"¡Amén!

El pastor se alejó del sitio, iniciando el regreso más feliz a casa. Finalmente, los antiguos obstáculos de carretera habían sido superados con elogios gracias a los milagros provocados por el santo. Con fe en ella, seguiría su camino con ciertas cosas que funcionarían. ¡Gracias y alabad a la reina del cielo!

La segunda apariencia

Siguiendo las recomendaciones del sacerdote, el psíquico, y algunas personas han vuelto a la escena de las apariciones. Una vez que lleguemos, Rosario fue rezado. Sin embargo, a pesar de todas las expectativas, no ha ocurrido ningún fenómeno. La única forma de salir del grupo era volver a casa totalmente decepcionada. ¿Qué había pasado? Por primera vez, el devoto Marian vio que sus fuerzas se debilitaron en público.

La respuesta a tu inquietud llegó a través de un sueño nocturno. La hermosa dama se presentó justo después del rayo y era fisiológicamente igual que la primera apariencia.

"¿Qué quieres, madre?

"Quiero que Rosario sea rezado todos los días.

"Tengo algunas peticiones para hacerte....

"Algunos serán atendidos, otros no. ¡Mira el cielo!

Mirando en la dirección, el psíquico puede ver a un grupo de personas vestidas de blanco entrando al sol. Respondidas e iluminadas, cantaban glorias al Señor. Fue una fiesta preciosa. Incluso desde lejos, el espectador podía sentir toda la felicidad de lo mismo. Nuestra Señora entonces explicó:

"Mira, estas son las primeras comunidades cuando el cristianismo comenzó. Son los primeros catequistas, muchos de ellos eran mártires. ¿Quieres ser mártires? ¿Quieres ser un mártir tú mismo?

Aun sin la dimensión de lo que representaba esa propuesta, el siervo de Dios respondió sí. Debido a su aceptación, una nueva imagen se presentó, otro grupo numeroso también vestido de color blanco. Llevaban rosarios luminosos entre sus manos y uno de ellos un libro. Mientras uno estaba leyendo mensajes, los otros estaban reflexionando durante unos momentos. Luego le rezaron a nuestro Padre-Nuestro y diez Ave María. Todos los dones rezaban juntos lo que le daba a esa oración un poder fantástico. Al final de esta actividad, la conversación continuó.

"Estos son los primeros a los que le di a Rosario. Así es como deseo que todos oren por Rosario.

"Sí. Rezaremos así.

Otra visión ha ocurrido. Al igual que los franciscanos, llevaban a cada uno de sus Rosario en oración. Al final de su pasada, la virgen dijo:

"Estos recibieron a Rosario de las manos del primero.

Las visiones siguieron en la pantalla de la mente del sirviente. Lo que se presentó ahora fue una gigantesca procesión de todas las razas, colores y etnia. El Rosario era una pieza común que ellos llevarían, mostrando la fuerza de la Señora. Cada uno reflejaba la luz divina.

"Señora, voy con esto porque están vestidos como yo.

"No. Todavía estás en breve. Debes decirle a la gente lo que has estado viendo y escuchando.

"¡Muy bien!

"Yo os he mostrado la gloria de nuestro Señor y la tendréis si sois obedientes a nuestro Señor, la Palabra del Señor, si perseveráis en la oración del Santo Rosario y ponéis en práctica la Palabra del Señor.

La visión desapareció, y luego el encargado se despertó. El otro día, se reunió con el sacerdote, contándole todo. Para orientarlo, guardaste un secreto sobre estos hechos. Unos días después, se le dio el permiso y luego algunas personas en el pueblo escucharon sobre él. La entrada fue bastante receptiva. Otro milagro atribuido a la Santa Virgen.

La tercera apariencia

Los psíquicos y unas cuarenta personas regresaron a la escena de las apariencias. Fue un momento único y especial en el que cantaban, glorificaron y oraban a Dios. Mientras la extraña dama los dejó silenciosamente frustrando de nuevo las expectativas de todos. Fue dejado como alternativa a los peregrinos para volver a casa.

En la tranquilidad de su casa, el pastor se reunió en su habitación, pronto dormido debido a su cansancio. En sus pasajes nocturnos, vino en los mismos mensajes en forma de sueño, estaba en el mismo lugar que rezar en todo el mundo. Siguiendo las recomendaciones del maestro, fue intensamente dedicado a Rosario a favor de los religiosos cristianos. Durante el acto, recordó a la hermana de un prisionero que había solicitado su intercesión. Decidiste porque también rezaste por él.

El sirviente se arrodilló como reverencia y levantó las manos, rogando por el niño. En un momento, al cambiar la dirección de la mirada, vi un ángel cerca de las rocas. Era joven, alto, delgado y vestía toda ropa blanca.

"Tu oración fue escuchada, dijo el ángel.

El corazón del profeta saltó de alegría. ¿Qué quieres decir con que te oyeron? Él era consciente del poder de sus intercesiones, pero ese caso era realmente difícil. Así que, sorprenderla.

"Ve y dile a la hermana del prisionero que vaya a consolarlo el domingo porque está muy triste para aconsejarle que no firme un documento, que le presionará para que firme un documento sobre el que asume la responsabilidad por una suma de dinero; es inocente. Dile que no debería preocuparse, que podrá hablar con él a solas por mucho tiempo, que será tratada de una manera amistosa. Dile que vaya el lunes a la comisaría de policía de Judigalpa para completar cada paso a su liberación porque será liberado ese día. Dile que se lleve 1.000 córdobas porque van a fijar la fianza -continuó el ángel.

"Tengo dos órdenes de un primo para hacer para la Santa Virgen. Las peticiones se relacionan con problemas debido a la adicción a la bebida y los problemas del hermano y el padre en el trabajo.

"La gente a su alrededor debe ser paciente con ellos, y no se quejan cuando están embriagados.

"¡Muy bien! Le transmitiré este mensaje.

"Ve y diles que paren la adicción, que lo hagan poco a poco y así el deseo te dejará.

"Entendido. Es una estrategia excelente.

"Dile a tu primo que será asaltado y le dispararán en el pie, precisamente en el talón izquierdo. Después de eso, lo matarán.

"¿Esta frase sobre mi primo no puede ser revocada por la oración de varios Rosarios?

"No. Así es como morirá, pero si escucha tu consejo, su vida puede ser prolongada.

"¿Y el trabajo de mi primo?

"No debería tener miedo. Debes mantenerte fuerte como eres. No debes dejar tu trabajo porque como maestra que tiene fe en Nuestro Señor, puede hacer a la gente mucho bien.

"¡Bien! ¿Cómo se supone que me comporte frente a estos eventos?

"No le des la espalda a tus problemas y no maldigas a nadie.

Dicho esto, el ángel desapareció. Al mismo tiempo, el psíquico se despertó. Era de mañana y las olas de calor del sol cruzaron las grietas de la casa, viniendo a él. Lo hizo sentir totalmente renovado y listo para las sorpresas del nuevo día.

Con una sonrisa abierta, se levanta, pasando de su habitación al baño. Allí, en tu intimidad, hablas contigo mismo al comenzar la limpieza de cuerpo y almas. Para algunos, desnudarse y lavarse fue sólo una convección social. Para él, fue un ritual de comunión con Dios y su naturaleza. En ese momento exacto, no había razón para mentir o engañarse sobre su misión siendo tan importante. Era tiempo de reflexionar, analizar las deficiencias y rastrear el futuro con la certeza de que Dios estaba a cargo de todo. En este, podía confiar ciegamente porque nunca lo dejé solo cuando más lo necesitaba. Fue porque, agradecido por eso y a cambio, estaba luchando por ser un buen cristiano.

Los resultados de lo que hemos mencionado anteriormente mostraron en sus acciones lo que causó la admiración de los demás. Porque eras modelo, no podías decepcionar tu sangre. Decidió confiar en el primo del secreto que pasó por el ángel, aunque estaba en riesgo de ser considerado un loco. Sin embargo, su única salida era arriesgarse.

Estoy seguro de que dirige la sesión de limpieza con relativa tranquilidad. El ejercicio recupera su optimismo, salud mental y disposición. Al final del escenario, estaba dispuesto a enfrentar los constantes desafíos que la vida les había impuesto. No había duda de que pude superarlos.

Saliendo de la ducha, vuelve a la habitación donde te secas, llevas ropa limpia, peinas el pelo, usas tu perfume favorito y analizas tu perfil en el espejo. Tendrías que ser impecable apuntando sucesivos acontecimientos. Lo mismo prometió ser muy iluminador.

Cuando termine, vas a la cocina donde te preparas y comes un aperitivo rápido. Satisfecho, sales de la casa, y vas a conocer a dos personas, el hermano del prisionero y la Sra. Ayuda. Confía en ellos tu secreto. Incluso reacios, prometen seguir las instrucciones dadas por el ángel a través del sueño.

El domingo, fueron a visitar el recluso. Su primo puede estar solo con el prisionero por mucho tiempo para pedirle que no firme ningún documento. Cuando regresó a Cuapa, pidió un préstamo.

El lunes, como anunció el ángel, fue liberado de la fianza. Gracias a la advertencia, Rosario fue rezado. Esta noticia se ha extendido por toda la región, dando una mayor credibilidad a esta serie de apariciones. Fue como una recompensa por su esfuerzo.

Al dar un procedimiento a las peticiones recibidas en la visión, el psíquico habló con su tío y primo. El primero creía en el mensaje prometiendo dejar la adicción al consumo. El segundo hizo un poco de consejo. El tiempo pasaba y las predicciones del ángel se hicieron realidad. Sin embargo, el corazón de algunos permaneció endurecido. Demuestra el amor de Dios incluso ante la indiferencia y el frío del hombre.

Días después, el momento había llegado a reunirse con Nuestra Señora. En el momento acordado, el psíquico y su grupo se trasladaron al punto de las apariencias. Sin embargo, se rindieron debido a la dificultad de cruzar el río porque estaba lleno. ¡Qué lástima! Las lluvias y los vientos actuales que fueron las razones del fenómeno en el río ayudaron al medio ambiente y al hombre del país. Pero detuvieron una cita liberadora. Por eso lamentaban tanto tú y contradicciones satisfechas por la ayuda celestial. Estos dos opuestos se complementan y causan un milagro divino.

Como opción para no perderse el recorrido, los cristianos se extendieron alrededor de las rocas en las orillas del río. En una sola voz, oraron a Rosario y alabaron al Señor a través de nuevos cantos. En este intermedio, el volumen de agua del río se ha ralentizado un poco, lo que hizo que el grupo cruzara. Sin embargo, la hermosa señora no apareció, causando frustración a algunos de ellos. En ese momento, tendrían que entender que el tiempo de Dios no era el mismo que el suyo. Así que la única salida plausible fue ir a casa, y eso es precisamente lo que hicieron.

Con los séptimos fracasos en ver a la Santa Virgen, la incredulidad ha tomado el control de algunos. Entre ellos, estaba el vicario de la parroquia. Sin embargo, ha estado dispuesto a ir al sitio de la aparición para conocer más profundamente los hechos. Y así sucedió. En silencio, el dúo estaba goteando los obstáculos del camino con fuerza nunca desalentada. Parecían nunca cansarse y estar en éxtasis completo. Al acercarse al punto designado, cambió la dirección de la mirada, señalando algo, diciendo: "Este es el lugar que estaba en mi sueño anoche." Una especie de felicidad llenó el corazón de ese pequeño pescador reafirmando lo que creía, María estaba allí. Ese fue un día que entraría en la historia. Satisfecho, rezaba un poco, y luego se fueron para cuidar de sus respectivas obligaciones. Había mucho que hacer por el trabajo de Maria.

La cuarta apariencia

Era el comienzo del mes de septiembre. Junto con los amigos, el psíquico volvió al punto de las apariciones. En cuanto llegaron a la escena, Rosario fue rezado. Al final de este ejercicio religioso, podían ver claramente relámpagos. En una fila, hubo otro. Ahí es cuando la Inmaculada Concepción apareció en la nube bajo un pequeño árbol. Vea cómo la psíquica la describe: "Estaba vestida con una bata de color crema pálido. No tenía velo, ni corona, ni capa. No hay adorno ni bordado. El vestido era largo, con mangas largas, y tenía una cuerda rosa en la cintura. Su cabello cayó en sus hombros y era marrón. Los ojos también, aunque mucho más claros, casi el color de la miel. Todo eso irradió luz. Se parecía a ti, pero era una niña. Ahí es donde se inició el contacto.

"¿Qué quieres?

"Quiero que reces por Rosario.

"Permítanse ser vistos para que todos crean. Estas personas que están aquí quieren verte.

"No. Es suficiente que les des el mensaje porque para aquellos que creen que será suficiente, y para aquellos que no lo creen, aunque me vean, no lo creerá.

"Estábamos pensando en construir una iglesia en su honor. ¿Qué dices a eso?

"No. El Señor no quiere iglesias materiales. Quiere templos vivos, que son ustedes mismos. Restaurad el santo templo del Señor. En vosotros está la satisfacción del Señor.

"Deseo mejorar como ser humano. ¿Qué valores son esenciales?

"Amaos el uno al otro. Amarnos. Perdónense el uno al otro. Haz la paz. No preguntes por ella primero.

"¿Qué hago con el dinero que me dieron?

"Haga una donación a una capilla en Cuapa. Desde este día en adelante, no te lleves un centavo por nada.

"¿Dónde podemos ir a la comunión con Dios?

"En sí mismos. La Iglesia Es ustedes mismos. Las cosas materiales se llaman casas de oración.

"¿Debo continuar en el catecumenado?

"No. No lo dejes. Siempre mantente fuerte en el catecumenado. Poco a poco entenderás todo lo que significa el catecumenado. Como un grupo comunitario medita sobre las bienaventuranzas, lejos de todo el ruido.

"¿Cuándo debo volver aquí?

"El 13 de octubre.

Dicho esto, la nube ha surgido llevándote al santo. El grupo se despidió del sitio comenzando su regreso a sus respectivos hogares. Ellos cumplirían con las obligaciones ausentes con la certeza de que fueron bendecidas por la madre de Dios. ¡Viva la Santa Madre de Dios!

La quinta apariencia

El 8, los devotos marianos asistieron al lugar de las apariencias pagando el honor de su amo. Como sabías, la virgen no apareció, pero por eso no dejaron de disfrutar de su contacto con la naturaleza aprendiendo más sobre lo divino. Después de mucho tiempo, regresaron a sus casas prometiendo regresar otro día.

La ocasión fue dada el 13, donde la gente asistió después de la devoción cotidiana en la capilla. En la escena, el Rosario comenzó y alabó a Dios. En el tercer misterio, hay la formación de un círculo brillante en el suelo. La luz vino del cielo y dirigiendo la mirada hacia arriba, la vio como si fuera un anillo brillante flotando sobre ellos. ¡Qué emoción la gente presente!

No tardó mucho y siguió el fenómeno del rayo. Nuestra Señora se presentó a la llegada psíquica varonil sobre las flores traídas por los peregrinos.

Nuestra Señora está en la pila de rocas alrededor de las flores, advirtió a los psíquicos.

"La gente ha fijado sus ojos en la dirección correcta. Algunos han visto y otros no, lo que hizo que el pastor se enfadara un poco.

"¡Bendícete, madre mía! ¿Podrías mostrarte a los demás?

"¡No! ¡No todos me ven!

"No satisfecho con la respuesta, el pescador insistió.

Señora, déjenles verla, para que puedan creerle. Porque muchos no lo creen. Me dicen que es el demonio el que viene a mí. Y que la virgen está muerta y regresó al polvo como cualquier mortal. ¡Permítanles verte, Santa Madre!

La reacción de la Reina del Cielo fue instantánea, levantó las manos en el pecho, pálido, su bata se volvió gris y su expresión se volvió triste y disoluta. Las lágrimas empezaron a rodar de tu cara como si fuera una llamada de auxilio. En eso, su sirviente tomó la iniciativa.

"Señora, perdóneme por lo que le dije. ¡Soy culpable! La señora está enojada conmigo. ¡Perdóname! ¡Perdóname!

"No estoy enojado ni enojado.

"¿Por qué lloras? La veo llorando.

"Siento ver lo duro de los corazones de esta gente. Pero tendrás que rezar por ellos para que cambien.

Esta respuesta tiene el poder de un devastador terremoto desestabilizando las emociones del empleado. Le causó un grito compulsivo. Entre este torbellino de emociones, el santo continuó pasando los mensajes.

"Rezad al Rosario, medita los misterios. Escuchen la Palabra de Dios que yace en ellos. Amarnos. Amarnos. Perdónense el uno al otro. Haz la paz. No pidas paz sin hacer la paz porque si no lo haces, no es bueno pedirlo. Cumpla con su deber. Ponga la palabra de Dios en práctica. Encuentra maneras de agradar a Dios. Sirve a tu siguiente porque así lo complacerás.

"Señora, tengo muchas órdenes, pero me olvidé de ellas. Hay muchos. La señora los conoce a todos.

"Me piden cosas que no son relevantes. Pide fe que tienen la fuerza para que cada uno pueda llevar su cruz. Los sufrimientos de este mundo no pueden ser suprimidos. El sufrimiento es la cruz que debes soportar. Así es la vida. Hay problemas con el marido, con la esposa, con los hijos, con los hermanos. Hablar, hablar, hablar, hablar, hacer las paces. No vuelvas a la violencia. Nunca vuelvas a la violencia. Rezad por la fe que seáis pacientes.

"Lo tengo. ¡Cada uno debe aceptar su cruz!

"Ya no me verás en este lugar.

"No nos dejes, madre mía.

"No te enfades. Estoy contigo, aunque no me veas. Soy la madre de todos ustedes pecadores. Amarnos. Perdónense. Haz la paz porque si no lo haces, no habrá paz. No vuelvas a la violencia. Nunca vuelvas a la violencia. Nicaragua ha sufrido mucho desde el terremoto y seguirá sufriendo si no cambian todos. Si no cambias, apresurarás el comienzo de la Tercera Guerra Mundial. Reza, reza, hijo mío, por todo el mundo. Una madre nunca olvida a sus hijos. Y no he olvidado lo que has sufrido.

Dicho esto, ha crecido gradualmente al cielo. Será tan marcado como la certeza de que la Señora nunca los abandonaría como se prometió. Gracias y alabad a la virgen del cielo.

Nuestra Señora Reina y mensajera de la paz

Jacareí-Brasil (1991-2017)

Jacareí está situado a 100 kilómetros de São Paulo. La carretera de acceso al sitio es a través del BR 116, un tramo que enlaza São Paulo con Río de Janeiro.

La ciudad es consagrada a Nuestra Inmaculada Concepción antes incluso de la proclamación oficial del dogma de la Inmaculada Concepción. Por la divina providencia, fue elegida para ser la sede de importantes apariciones de las fuerzas celestiales. ¡Bendice a nuestra madre!

Mensajes principales en Jacareí

"¡Hijo mío, hijo mío! Tienes que santificarte. La Santidad es un camino difícil, pero... su fin es real y glorioso.

"Vengo a pedir oraciones hechas con amor. Oración que lleva a los hombres a entender el amor.

"Concéntrate en la oración, vive con humildad.

"Deseo que me ames cada vez más, que me ofrezcas tu corazón cada vez más. Ama al Dios de todas las cosas, siempre perdona y cada vez más a tus ofensores.

"Deme cada vez más corazón... ¡Diles a mis hijos que continúen orando con amor y confianza; no pierdan la esperanza en Dios!

"Mira mi corazón, rodeado de espinas y dolor... Yo tomo en mi corazón tus sufrimientos, los ofrezco al Señor en mi corazón.

"Sigue orando al Tercer Santo... Él es mi oración favorita, es la corriente con la que sostendrás a Satanás, y renovarás la faz de todo el mundo.

"Les pido que se amen. ¡Vaya a la Mesa eucaristía para recibir la Alimentación Eterna!

"¡Tercero debe ir acompañado de arrepentimiento! ¡Que haya contrición en el corazón!

"¡Hijos míos, os deseo mi paz! ¡Reza! ¡Reza! Pide perdón por los pecadores.

"¡Reza con tu corazón! ¡Abre a Dios y a su amor! Vive feliz y paz llena tus vidas.

"Planten la paz sobre ustedes mismos, y difundan a los otros esta paz. ¡Los amo y quiero darles mi Paz del Cielo! Te bendigo.

"Rezad y vivid la paz en sus corazones. Plántenlo en sus corazones y viven con amor. Cuando se sientan confundidos, oren, pidan la Luz del Espíritu Santo, lean el Evangelio, y todo quedará claro.

"Si quieres hacerme feliz, reza continuamente por los pobres pecadores.

"También le ruego a mi hijo Jesús para que me concedas el agradecimiento necesario para ayudarlos. Siga mi ejemplo, y reza también.

"¡No puedes alcanzarlo, a menos que rezas! Y cuando les preguntéis, pregúntenles cuando se haga la voluntad de Dios, no vuestra voluntad.

"Satanás está suelto en el mundo, buscando arrastrar todas las almas al pecado y a la convicción. La única defensa de los cristianos contra él es con mucha oración y ayuno.

"Lloro porque los pecados del mundo son demasiado grandes, y porque mis peticiones no son respondidas. Muchas almas se condenan a sí mismas y un gran castigo caerá sobre la faz de la tierra... ¡Reza mucho!

Nuestra Inmaculada Señora apareció Concepción

Reserva Brasil-1995

Elizete, Juliano, Janaina y Alice eran cuatro estudiantes del campo. Cada día, un par de estudiantes se mudaban a una fuente donde iban a lavar los platos del almuerzo. En una de estas ocasiones, la joven Elizete se sorprendió al ver una luz preciosa, y salió un hombre. Ver a la chica estaba asustada, él le tranquilizó:

"¡No tengas miedo! Me llamo Gabriel, el ángel de la paz. Vuelve aquí en tres días, y tendrás una sorpresa. ¡No le digas a nadie sobre esto!

"¡Lo entiendo! ¡Vale!

El ángel desapareció, y la joven volvió a la escuela en camino a terminar la clase de día. Como se acordó, volvió a la fecha determinada. Vosotros habéis visto la luz otra vez, solo en la forma de Nuestra Señora apareció. Curioso, intentó tocar la imagen. ¡Que se mudó! Miedo, se fue. Ahí fue cuando oyó:

"¡No tengas miedo! Soy la madre del cielo, la madre de Jesús.

Aun así, no tenías las agallas para volver. Desde ese día, empezó a actuar extrañamente, lo que llamó la atención de su profesor. Confía en ella como amiga, reveló el secreto y desde entonces algunos jóvenes se rezaban y rezaban en el lugar de las apariencias.

Una serie de visiones comenzó donde la Reina del Cielo se ha presentado a muchas personas.

Mensajes principales en la reserva

"Queridos niños no ven telenovelas, espectáculos de terror, películas y dibujos. Cuidado. El enemigo tiene muchos planes para destruir familias, y me hace triste. Los quiero tanto. No sigas la moda. Rezad por aquellos que solo piensan en las cosas de este mundo. Bendícenos a todos. Amén.

"Jesús está feliz con las personas que oran, tienen fe y piden. Te invito a estar conmigo en el cielo algún día, la dirección de Dios. Hijos Míos, por mi Hijo Jesús, os doy las gracias por todos los que oran a Rosario en este lugar, y os pido que oréis por aquellos que no oran. Solo el Espíritu Santo os iluminará para acercarse más y más a Dios. Hijos Míos, cuando Jesús regresa quiere evitar encontrar a sus hijos en vicios, renunciar al humo, al alcohol y a las drogas. Es por la oración que seréis liberados. Jesús quiere salvar a todos del pecado, murió en la cruz para salvar a todos y continúa sanando y liberando de todo mal. Te agradezco y los bendigo a todos. Amén.

"Queridos hijos, el regreso de mi hijo Jesús está muy cerca, cuando regresa que sus hijos están preparados, no duermen en fe. Hijos, Jesús derramará el Espíritu Santo sobre vosotros. Reza y reza. Cuidado con Satanás, así que no destruyo mis planes. Mantén siempre tu corazón abierto para que Jesús entre. Amén.

"Mis queridos hijos, ruego una vez más a Rosario, Satanás no se acerque a los que oran conmigo. Sé fuerte, siempre estaré contigo en las pruebas. Bendito seas. Amén.

"Los niños escuchan a sus padres. Hijos Míos, al final mi corazón triunfará. Reza, reza. Amén

"Rezad por los que piden oraciones, por los hijos de la calle y por los enfermos, os bendeciré a todos. Reza, reza, esta es mi petición.

"Mi querida hija va a la escuela dominical todos los días en misa, siempre tendrás mi protección. Agradezco a todos los que ayer rezaron mil Ave María. Gracias por los sacrificios, oraciones que han hecho y ofrecido por mí y por mi hijo Jesús. Por toda mi madre bendición e iluminación del Espíritu Santo. Amén.

"Queridos hijos, el Santo Corazón de Jesús es la fuente de todo amor. Reza y consagra cada día a Su Corazón. Amén.

"Queridos hijos, yo soy la Reina de la Paz, la madre de todos vosotros. Rápido, rápido, reza por la conversión de los pecadores. Deseo paz para todos. Amén.

"Hijo, vine a la tierra para pedirte que oraras, y para enseñaros a orar especialmente al Rosario que es mi simple oración. Mi amor por ti es tan grande. Bendito seas. Amén.

"Mis queridos hermanos se llevaron a mi madre, me acogieron. El mío me lo llevará algún día. Amén.

"Queridos hijos, pido oración, penitencia y ayuno por la conversión de los jóvenes." Amén. Te doy mi paz.

"Queridos hijos, siempre sean felices, Jesús siempre está con ustedes en las pruebas. Sé obediente y reza. Los niños oran en este tiempo de carnaval, mis hijos hieren mi corazón y el corazón de mi hijo Jesús. En estos días, oren mil Ave María en reparación de pecados cometidos. Amén.

"Mis queridos hijos, les deseo paz. Vive en caridad y amor. El amor es la luz de la conversión. Hijos, Jesús es el camino de la luz, deseo que todos se salven del pecado. Recen, niños.

"Hoy de nuevo los invito a todos a conversar, hacer penitencia, oraciones y ayunar los miércoles y viernes. Os elegí hijos para que preguntéis, "Rezad, rezad, rezad".

"Mis queridos hijos, vengo del cielo a la tierra para salvar a mis hijos. Soy el patrón de su Brasil, su Inmaculada Madre de la Paz Concepción.

"Hermano, mi amor es tan grande para ti. Le deseo a cada uno mi paz, mi amor. Derramo en sus corazones mi paz. Amén.

"Mis queridos hijos, los invito a aceptar la paz y a orar por la paz. Amén.

"Queridos hijos, Jesús es la luz del mundo. Vive en caridad y perdón. ¿Todo lo que os pido y ser santo como vuestro Padre del Cielo es santo? Amén.

"Ser como niños en mi regazo. Ama a Dios, ama al siguiente y perdonarse como hermanos. En este día especial, quiero pedirte que te apresures en la conversión. Haz penitencia, ayunos y oraciones. El regreso de Jesús está cerca. Bendito seas. Amén.

"Mis queridos hijos, estoy en medio de ustedes, les pido que oren por Papa Juan Pablo II, por el obispo y los Sacerdotes. Daré paz a todos. Amén.

"Queridos hijos, oren, oren, oren." Jesús murió en la cruz por pecadores. Medite sobre el sufrimiento y la muerte de Jesús por nosotros. Te bendigo. Amén.

"Queridos hijos, lloro lágrimas de sangre para que mis hijos se conviertan, pero muchos no aceptan conversión. Así que, hijos amados, oren y oren por la conversión de los pecadores, por los corazones duros de la piedra. Amén. Amén.

"Niños, hoy os invito a arrodillaros a los pies de mi hijo Jesús que está en el tabernáculo y os adoro. Me encanta, me encanta. Amén.

"Mis queridos hijos, estoy en medio de ustedes y los invito a rezar cada vez más. No te desanimes con las pruebas. Les daré fuerza. Bendícenos a todos.

"Queridos hijos, vengo hoy aquí para traer mi paz. Rezad por aquellos que los critican, por aquellos que no me aceptan. Soy la madre de todos, entregada por mi hijo Jesús. Bendícenos a todos. Amén.

"Mis queridos hijos, hoy les pido que oren por las familias, por los consagrados a mi corazón.

Queridos hermanos, están viviendo en un Día de Gracias y muchas tribulaciones. Reza. Bendito seas. Amén.

" Mis queridos hijos, les pido que se conviertan a mi hijo Jesús. Amo a tu siguiente. Haz lo que te pido. Los amo a todos. Amén.

"Queridos hermanitos, la paz de nuestro Señor Jesucristo sea con vosotros. Siempre estaré contigo, en todos los peligros rezaré conmigo y no temáis, creéis solamente. Soy el ángel de la paz; mi nombre es Gabriel Arcángel.

"La paz sea contigo. Queridos niños, tengan fe viva y verdadera. Solo tus oraciones ayudarán en estos días que estás viviendo. Los amo mucho y no me desanimo. Reza todo el tiempo. Bendito seas. Amén.

"Queridos hijos, consagrad mi Inmaculado Corazón y a mi hijo, Jesús. Me estoy apresurando a convertirme. Los amo a todos y los bendigo. Amén.

"Queridos hermanos se convierten, se convierten, porque los tiempos son breves." Los amo a todos y los bendigo por la Santa Trinidad. Padre, Hijo y Espíritu Santo. Amén.

"Mi hijo Jesús y mi amor están siempre en sus corazones. Cada día que estoy a tu lado, te veo rezando, trabajando, soy la madre del Amor. Bienvenidos en vuestros corazones, el amor de mi madre. Estoy satisfecho con la gente que reza y se convierte. Agradezco las flores que me traes. Toma mis gracias y bendiciones. Nunca olvides que te amo tanto. Amén.

"Hijos míos, lloro por mis hijos que no se preocupan por Dios. Siempre intercepto a Jesús por todos mis hijos. Lo devolveré hasta el día del castigo que mis hijos se conviertan. Además, haré que mis mensajeros transmitan mis mensajes. Niños, necesito vuestras oraciones, sacrificios, para ayudarme.

"Mis queridos hijos, hoy de nuevo pido conversión y oro más porque en el mundo de hoy muchos quieren saber más que Dios. Muchos de mis hijos se están perdiendo, para intercambiar la verdadera Iglesia de Jesucristo, por religiones y cultos falsos. Les pido que oren por los sacerdotes, que los obispos no se desanimen en la caminata.

"Hermanos míos, yo soy el Dios vivo y verdadero, creo en la eucaristía. Estoy presente y soy Jesús mismo. Le doy mi paz a todos. Amén.

"Muchos niños aquí están lastimando mi Inmaculado Corazón. Amo a todos con amor maternal. Te pido que te conviertas, porque los tiempos se acercan. Vayan a las masas. Reza por las almas del purgatorio. Cuando lloro, el infierno salta con alegría. Como en el Cielo, Madre da la bienvenida a todos en mi corazón. No creas que el malvado duerme, él está cada momento queriendo hacerte cargo. Reza para que me ayude a cerrar las puertas del infierno. Muchos, muchos niños ya no creen en la eucarística. Créeme, Jesús mientras usted puede recibir en sus corazones en comunión, porque cuando el falso Papa se sienta en la silla, él prohíbe la eucarística y la confesión y muchas otras cosas. Ayúdame. Amén.

"Queridos hijos, es con alegría que transmito este mensaje. Jesús te pide que ores, que te conviertas, Jesús se apresura, porque Su regreso está cerca. Rezad por el Santo Padre, Papa Juan Pablo II, que tenga fuerza y fe en este caminar. Yo, Madre de Jesús, te bendigo por la Santa Trinidad. Padre, Hijo y Espíritu Santo. Amén.

"Te traigo este mensaje con mucho amor y alegría. Rezad con fe, amor y devoción al Santo Rosario. Dale a Dios tus corazones. Él escucha tus oraciones. Jesús quiere ser adorado en el Santo Sacramento. Te bendigo por la Santa Trinidad, Padre, Hijo y Espíritu Santo. Amén.

"Mis queridos hijos, hoy bajé del cielo para bendeciros. Soy la Inmaculada Concepción de la Reina de la Paz, y quiero pedirles que consagran el Santo Corazón de Jesús y mi Inmaculado Corazón. He llenado vuestros corazones de paz y alegría. Además, estoy feliz contigo porque los amo a todos con amor maternal. Os bendigo a todos por la Santa Trinidad. Amén. Agradezco que corresponda a mi apelación.

"Mis queridos hijos, hoy mi hijo Jesús nació para salvarlos del pecado. Muchos en ese día ni siquiera recuerdan que Dios existe. Solo piensan en fiestas, diversión, y ni siquiera recuerdan haber rezado el Tercer, porque solo piensan en las cosas del mundo, así que te pido que te conviertas para ganar el cielo. La Santa Familia los bendecimos a todos. Amén. Padre, Hijo y Espíritu Santo.

"Queridos hijos, la paz esté en sus corazones. Hoy, bajé del cielo para pedirte que te conviertas tan pronto como el regreso de Jesús está cerca.

"Queridos hijos, hoy es con mucho amor que doy este mensaje. Te amo mucho, y te pido que no desanimes este paseo, estoy con vosotros y os bendigo, por el Padre, el Hijo y el Espíritu Santo. Amén. Hijos Míos, os pido que oréis a Rosario todos los días porque ata a Satanás. Siempre estoy contigo. Amén.

"Mis queridos hijos se acercan al castigo. Se vuelven lo antes posible porque de lo contrario irán al fuego eterno. Convertir. Quiero llevarlos conmigo al cielo. Oh, hijos, cómo lloro por aquellos que no creen, y no se preocupan por Dios. Los amo tanto y los bendigo. Amén.

"Los niños están muy contento porque estoy aquí hoy para pedirles que hagan más trabajo en oraciones, ayunes los miércoles y viernes, que hagan penitencia por este trabajo. Ten cuidado con el enemigo porque en estos días habrá muchas pruebas. Siempre estaré contigo. Bendito te bendiga. Amén.

"La paz de mi hijo Jesús y mi paz permanecen contigo. Hijos, os doy las gracias por levantar esta cruz como señal de mi victoria y de la derrota de Satanás. Mi hijo Jesús y yo estábamos presentes ayudándolos. Después de que cesen mis apariciones, les pido que continúen con la devoción del primer viernes del mes en desacuerdo al Santo Corazón de Jesús, el primer sábado del mes dedicado a mi Corazón Inmaculado y el primer sábado del mes dedicado a mi Corazón Inmaculado y el primer domingo dedicado a mi Corazón Inmaculado. A ambos corazones, el primer sábado del mes del Santo Corazón de Jesús, el primer sábado del mes dedicado a mi Inmaculado Corazón y el primer domingo dedicado a ambos corazones, el primer sábado del mes de Jesús y María del Santo Corazón de Jesús, el primer sábado del mes de Jesús dedicado a mí, quiero que este lugar se convierta en un poco de Medjugorje. Bendito te bendiga. Amén.

"Queridos hijos bajan del cielo para decirles, quiero que sigan orando todos los días, aquí en mi cueva y sigan viviendo mis mensajes. Los llevan, hijos míos, al camino del cielo. No quiero que abandones lo que Jesús y yo te enseñamos. Hijos Míos, algún día pagaréis por esto, así que rezad y buscáis vivir lo que os enseñamos. Hijos, agradezco a todos los que nos ayudan con este trabajo. Quiero que sigas adelante y no pares. Jesús y yo te agradecemos por todo. Dejo mi bendición a todos ustedes. Amén.

"Hijos Míos, quiero daros la bienvenida hoy a todos vosotros en mi Inmaculado Corazón, y en el corazón de mi hijo Jesús. Niños, no olviden seguir viniendo aquí tan simple, que elegí dar mis mensajes. Todos consagrados a nuestros corazones están guardados en mi Inmaculado Corazón y en el Santo Corazón de mi hijo Jesús. Hoy vengo con alegría y mucho amor para darte este mensaje. No lo olvides, siempre reza a Rosario con devoción. Les agradezco, queridos hijos, por estar juntos otro día, alabados a mi corazón y a mi hijo Jesús. Hoy os daré muchas gracias a todos, mi amado. Sigan haciendo ayunos y penitencia, siempre vayan a la Santa misa, comuna y confiesen. Disfrutarlo porque los tiempos son cortos. Soy la Reina de la Paz. No te desanimes. Vive mis mensajes y no solo escucharlos. Mi amor por ti es infinito. Créeme mis señales aquí. Ya no estaré contigo físicamente visible, pero siempre estaré contigo en cada momento de tus vidas. Estoy contento contigo, así que lloro con alegría. Además, os bendigo por el Padre, el Hijo y el Espíritu Santo. Amén.

"Hijos Míos, mi generación, hoy vengo a anunciaros con amor mis mensajes para vuestra conversión. Mis queridos hermanos, la gente me escucha cuidadosamente este mensaje y sigue poniéndolo en práctica. Disfruten esta vez de darme la bienvenida, con amor, en la eucaristía. Los amo y les pido que oren a Rosario como familia. Haz ayuno y reparación de penitencia, porque muchos hombres y mujeres están pecando contra mi santo Corazón. No quiero que los hombres se comporten como mujeres y mujeres como sus hombres. Acepta esta petición urgente porque te quiero mucho. Mi gloriosa venida está muy cerca. Dejo mi bendición. Amén.

Nuestra Señora siempre me ha acompañado en mi camino sobre la tierra. Madre y consejera, objeta mi bien a toda costa y eso es lo que quiere para su vida. Allí abajo, sigue algunas de mis experiencias espirituales y fechas con la madre de Dios.

Bajo un árbol

Era casi mediodía. A pesar del calor, el ambiente era tranquilo y acogedor para estar entre los árboles del jardín de una plaza. Estaba pensando en la vida y las dificultades cuando de repente vino a mí una hermosa, fuerte y vieja. Sonriendo, ella interrogó:

"¿Crees en Dios, hijo mío?

"Sí, lo sé.

"Así que, sin pedir permiso, puso su mano derecha en mi frente rezando:

"Que el poder y la gloria del creador te cubran y te iluminen.

En este momento, sentí una profunda paz y alegría. Era como si me sentía completa. Instantes después, la señora me dijo adiós suavemente. La seguí un poco hasta que no desapareció ninguna explicación de mi visión. Intenté buscarla, pero sin éxito. Se acaba de evaporar. He embrujado esta presencia a la madre de Dios como voto de fe.

En la casa de la lotería

Estaba jugando algunos juegos para probar mi suerte como cualquier ciudadano común. En fila, antes que yo, y había una figura de un mulato vestida de franquicias. Me miró y preguntó:

"¿Puede ayudarme, joven, con unos cuantos dólares?"

"Nuestra apariencia cambió en su sentimiento de confianza completa. Sonriendo, dije:

"Sí. ¡Puedo!

Le di unas monedas de mi bolsillo. Gracias, ella se quedó ahí intentando suerte. Me acerqué a la ventana de asistencia y pagué mi cuenta. Cuando me fui, ya no podía ver a mi benefactor. Preguntándole algunos regalos, simplemente dijeron que no vieron a una mujer así. ¡En mi íntimo, mi corazón acaba de golpear! ¡Lo hizo...! No había duda de que la madre de Dios estaba probando mi bondad, y gracias a Dios yo correspondía a tus expectativas.

En la multitud

Era un día como cualquier otro. Estaba dentro de la multitud esperando llegar más pasajeros cuando llegó una hermosa dama. Se sentó a mi lado y abrió una bonita sonrisa. Me sentí íntimamente conectado con ese extraño sin ninguna explicación real. Parecía que nos conocíamos desde hace mucho tiempo. Sin poder, resistiendo, inicié contacto:

"¿Todo bien, señora?

"Estoy bien. ¿Cómo estás?

"Viviendo la vida. ¿Cómo te llamas, y dónde vives?

"Mi nombre es Maria y vivo en Belo jardín. Estoy casado y tengo tres hijos.

"¡Bien! Me llamo Aldivan y estoy al lado. Vivo con mi madre y hermanos.

"¿Todavía tienes madre? Eso es bueno. Ya he perdido a mi madre. Es tan triste. Mamá es lo más importante en nuestra vida, ¿no?

Sí. Las madres nunca mueren. Siempre están con nosotros, de una manera u otra.

"¡Ahora que me lo has dicho, me pongo emocional! ¿Quieres decir que volveré a encontrar a mi madre después de morir?

"Antes y después.

"¡Bien! Tienes alma de un niño. ¡Debe ser un buen chico!

"Con mi trabajo, ayudo a diez personas directas y miles indirectamente a través de la administración pública. Me siento satisfecho.

"¡Qué maravilla!

"¿Cuál es tu religión?

"Soy católico. Uno de mis hijos es carpintero, el oficio de padre. Somos una familia muy cercana, ¿sabes? Tengo un proyecto y a través de él, ayudo a mucha gente.

"¡Qué genial! También me gustaría unirme a un proyecto como ese. Pero a veces, hay tiempo.

"¡No hables así! A veces solo una palabra es suficiente para ayudar a la siguiente.

"Lo entiendo. No sé cómo, pero me siento muy cómodo contigo.

"¡Bien! ¡Yo también! Debe ser porque la luz atrae la luz, ¿no?

"¡Sí!

"¡Mira! ¡Me encantó conocerte! Sé que en algún momento tus sueños se cumplirán. ¡Eres un chico excelente!

"¡Me encantaba conocerte también!

"¡Gracias!

El coche se va, y nos mantenemos callados durante el curso. Cuando me despedí de ella, fue un rastro de anhelo. Encontré a esa mujer un verdadero rostro de Maria. ¡Una madre de verdad! ¡Viva la Santa Madre de Dios!

Milagros personales

Tengo dos milagros a través de la intercesión de Nuestra Señora, un problema respiratorio y otro vascular. Ambas veces sentí la mano de Dios sanándome, lo que me conmovió mucho. Mi ejemplo es la prueba de que todos creen en el amor de Dios y su madre por la humanidad. ¡Viva Maria!

Mensaje recibido cuando empecé a escribir el libro

"Estoy satisfecho con tu decisión. ¡Te protegeré y te daré mucha paz!"

Aquí me despido después de este maravilloso informe con la certeza de la misión realizada. ¡Que el nombre de la madre de Dios sea cada vez más y más!

Fin

www.ingramcontent.com/pod-product-compliance
Lightning Source LLC
LaVergne TN
LVHW020440080526
838202LV00055B/5282